Grundschule

Gabriela Rosenwald

Lapbook Bauernhof

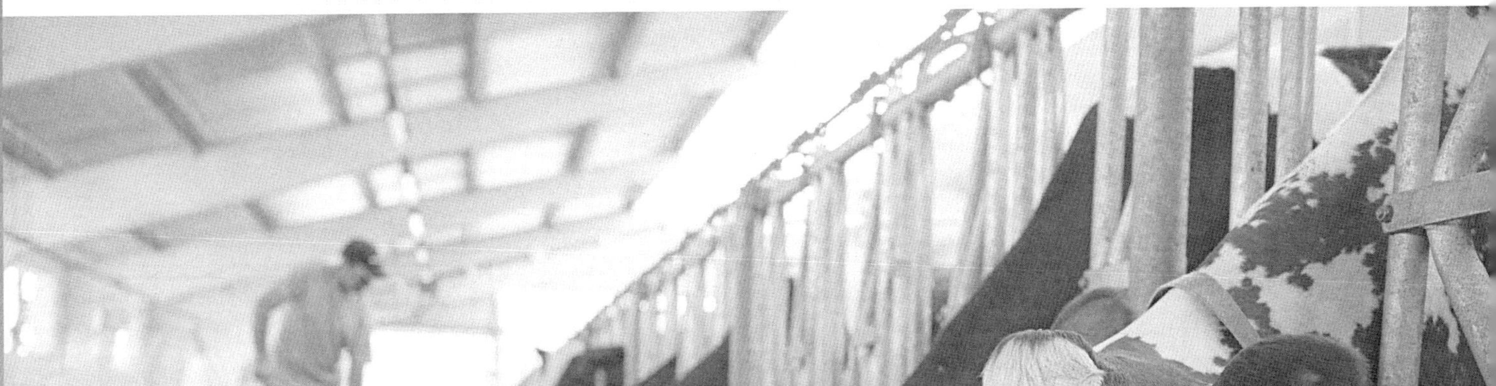

Die Landwirtschaft kreativ erarbeiten

www.kohlverlag.de

Lapbook Bauernhof

1. Auflage 2024

Idee und Text: Gabriela Rosenwald
Coverbilder: © Studio Romantic – AdobeStock.com
Redaktion: Kohl-Verlag
Grafik & Satz: Kohl-Verlag
Druck: prosatz GmbH, Hückelhoven

Bestell-Nr. 13 011

ISBN: 978-3-98841-042-9

Bildquellen: © AdobeStock.com

S. 5: Stella; **S. 6:** godesignz; **S. 8:** djvstock; **S. 9:** asvitt; **S. 10-30:** Iuliia; **S. 11:** sabelskaya; **S. 12:** evgenia sh, Christian Jung, Ruckszio, Okea, Good Studio, schankz; **S. 13:** Björn Wylezich; **S. 14:** airborne77; **S. 15:** Maks Narodenko; **S. 16:** Kazakova Maryia, 4th Life Photography, Tartila; **S. 20:** Елена Истомина; **S. 21:** Vectorvstocker; **S. 22:** Vectorvstocker, Nataliya Schmidt, Rawf8, fotomaster, ณัฐวุฒิ เงินสันเทียะ; **S. 23:** Kadmy; **S. 24:** Africa Studio, bigacis, BillionPhotos.com, Daga; **S. 25:** Larry Rains, photocrew, Pixel-Shot, Medard, TwilightArtPictures; **S. 26:** aicandy; **S. 27:** anitapol, Екатерина Сумченко, nastyasklyarova, jenjira, Good Studio, Frogella.stock; **S. 28:** brgfx, Happypictures, Oleksandr Pokusai; **S. 29:** Günter Albers, montebelli, VelentinValkov, sergbob; **S. 30:** vrstudio, Countrypixel (2x), Lakeview Images

Bildquellen: © Autorin GaRo: Seite 28

Inhalt

KOHL VERLAG Lernen mit Erfolg
LAPBOOK BAUERNHOF
Die Landwirtschaft kreativ erarbeiten – Bestell-Nr. 13 011

Vorwort

Bauernhof – ein spannendes Thema für alle Kinder. Auch wenn sie zuerst an die Tiere auf dem Hof denken, fällt da doch noch so einiges an, was sie kennen sollten. Die Arbeit der Landwirte, die Produkte, die aus ihren Erzeugnissen (Milch, Getreide, Kartoffeln, Gemüse, Fleisch) entstehen. In diesem Lapbook können die Kinder ihre Ideen einbringen und vieles über den Bauernhof lernen.

Doch was ist ein Lapbook eigentllich?

Ein Lapbook wird meist aus einem Fotokarton oder Tonkarton hergestellt, der auf unterschiedliche Weise gefaltet und eingeschnitten werden kann. In einem solchen Lapbook können mit Hilfe von Faltbüchern, Leporellos, Minibüchern und verschiedenen Faltformen auf engem Raum viele Aussagen angeordnet werden.

Die Vorlagen können sehr unterschiedlich genutzt werden. Die Schüler sollen – je nach Kreativität und Geschick – fertige Kopiervorlagen verwenden, diese ausschneiden und zusammenkleben oder selbst ausfüllen. Die Möglichkeiten reichen bis hin zum eigenständigen Entwerfen von Laschen, Taschen und sonstigen Elementen. Am Ende des Heftes finden Sie noch einige freie Vorlagen.

Viel Freude und Erfolg mit diesen Seiten wünschen

der Kohl-Verlag und

Gabriela Rosenwald

Und so kann es aussehen:

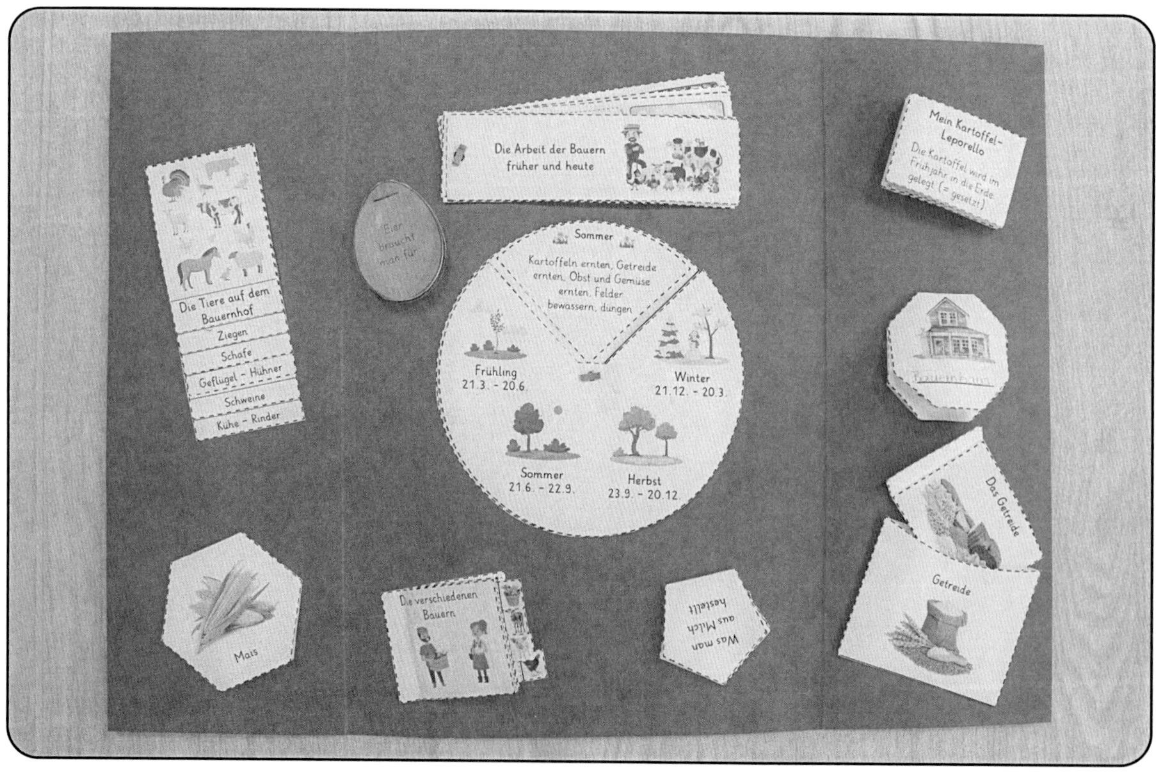

KOHL VERLAG
LAPBOOK BAUERNHOF
Die Landwirtschaft kreativ erarbeiten – Bestell-Nr. 13 011

Arbeitspass

Name: ______________________________

Klasse: ______________

Seite	Thema	begonnen	erledigt

KOHL VERLAG Lernen mit Erfolg
LAPBOOK BAUERNHOF
Die Landwirtschaft kreativ erarbeiten – Bestell-Nr. 13 011

Materialliste, Lapbook basteln

Was brauchst du?

- Schere, für runde Formen evtl. eine Nagelschere
- Klebstoff
- 1 Papiermappe oder 1 buntes DIN A3 Papier
- Verschiedene Stifte, z. B. Bunt-, Faser-, Wachsmalstifte (+ weißer Stift)
- Büroklammern
- 1 Klarsichthülle (um angefangene Papierteile sicher aufzubewahren)
- Sticker, Stanzteile, Bilder ... alles, was zum Thema Bauernhof passt, zum Verzieren

So gestaltest du dein Lapbook

<u>1. Variante</u>

- Suche dir einen farbigen Fotokarton in der Größe DIN A3.
- Falte den Karton in der Mitte und klappe ihn wieder auseinander.
- Schon hast du ein Lapbook! Du kannst nun das Titelbild aufkleben und den Inhalt gestalten und einkleben. Überlege gut, bevor du den Innenteil befestigst.

<u>2. Variante</u>

- Nimm wieder einen farbigen Fotokarton.
- Falte den Karton in der Mitte und klappe ihn wieder auseinander.
- Falte nun die beiden äußeren Teile noch einmal zur Mitte. Nun sind 3 Knicke entstanden.
- Du kannst jetzt ein farbiges DIN A4 Blatt in die Mitte kleben. Dann klappst du die Seitenteile zu. Dein Lapbook ist fertig!
- Das Titelbild teilst du in der Mitte und klebst es auf.

KOHL VERLAG
LAPBOOK BAUERNHOF
Die Landwirtschaft kreativ erarbeiten – Bestell-Nr. 13 011

Lapbook erweitern

Lapbook – Variationen

Wenn der Platz nicht reicht, weil du noch mehr erfahren hast oder einige Bilder einfügen möchtest: Dann wird dein Lapbook einfach erweitert!

Du kannst oben und unten, rechts und links weitere Klappen ankleben. Am besten klebst du die Klappen mit einem breiten Klebestreifen fest.

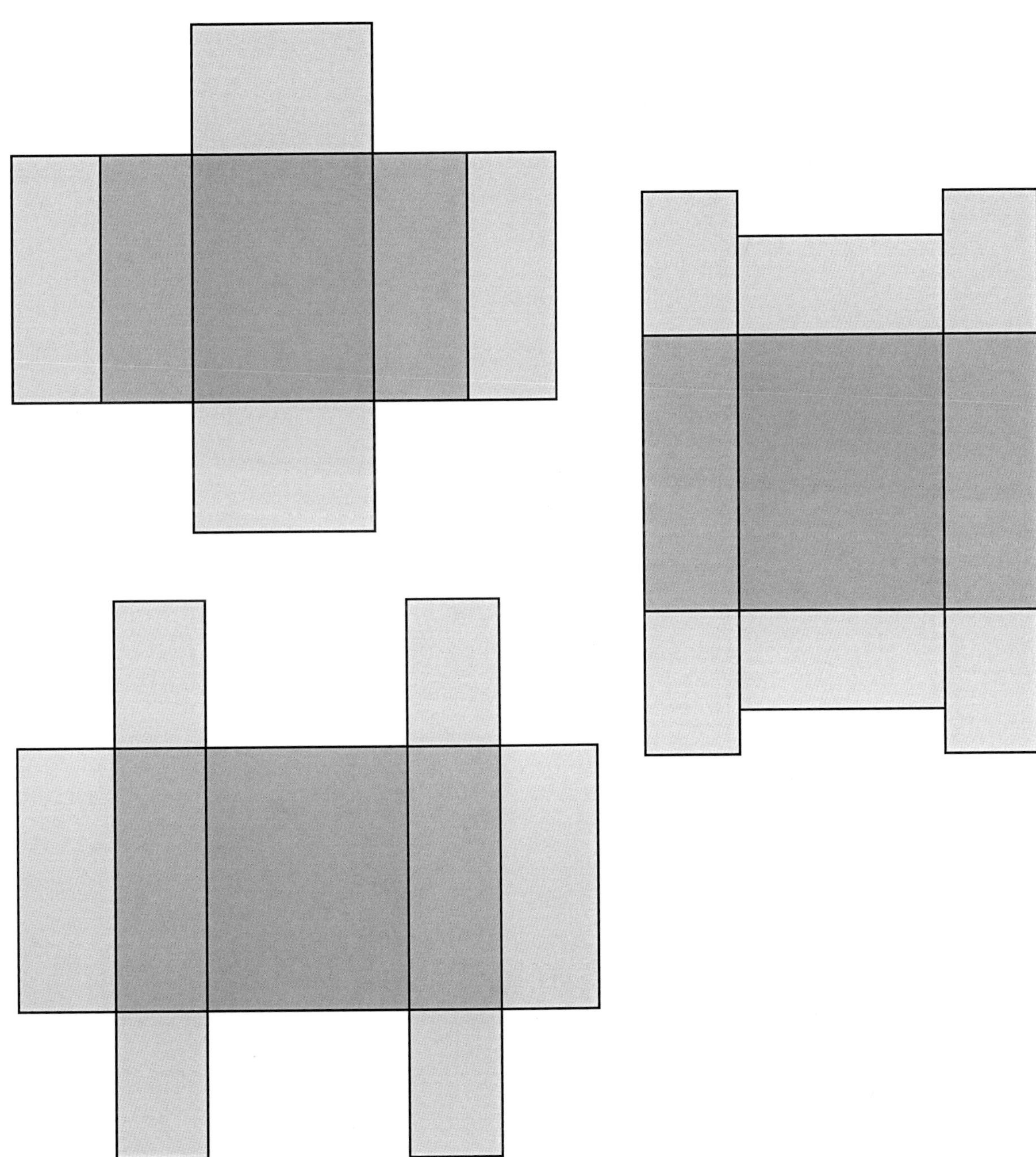

LAPBOOK BAUERNHOF
Die Landwirtschaft kreativ erarbeiten – Bestell-Nr. 13 011
KOHL VERLAG

KOHL VERLAG
LAPBOOK BAUERNHOF
Die Landwirtschaft kreativ erarbeiten – Bestell-Nr. 13 011

Arbeiten in den Jahreszeiten

Schneide die Dreiecke und die Scheibe auf der nächsten Seite aus. Klebe sie in der richtigen Reihenfolge auf die Scheibe. Schneide dann die andere Scheibe aus. Lege die beiden Scheiben aufeinander. Durch den schwarzen Punkt stichst du eine Musterklammer. Tipp: Für eine stabile Drehscheibe klebe die zwei Scheiben auf Pappe und schneide sie dann erst aus.

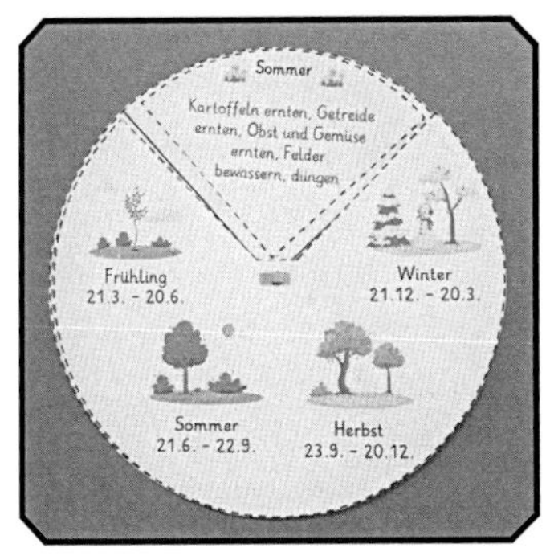

Frühjahr

Felder pflügen, Kartoffeln pflanzen, Rüben säen, Tiere auf die Weide bringen, erste Heuernte

Sommer

Kartoffeln ernten, Getreide ernten, Obst und Gemüse ernten, Felder bewässern, düngen

Winter

Zäune flicken, Tiere versorgen, Geräte ausbessern, Saat vorbereiten, Mist aufs Feld bringen

Herbst

Mais ernten, Rüben ernten, Winterweizen säen, Felder pflügen, Vieh in den Stall bringen

LAPBOOK BAUERNHOF
Die Landwirtschaft kreativ erarbeiten – Bestell-Nr. 13 011
KOHL VERLAG

Arbeiten in den Jahreszeiten

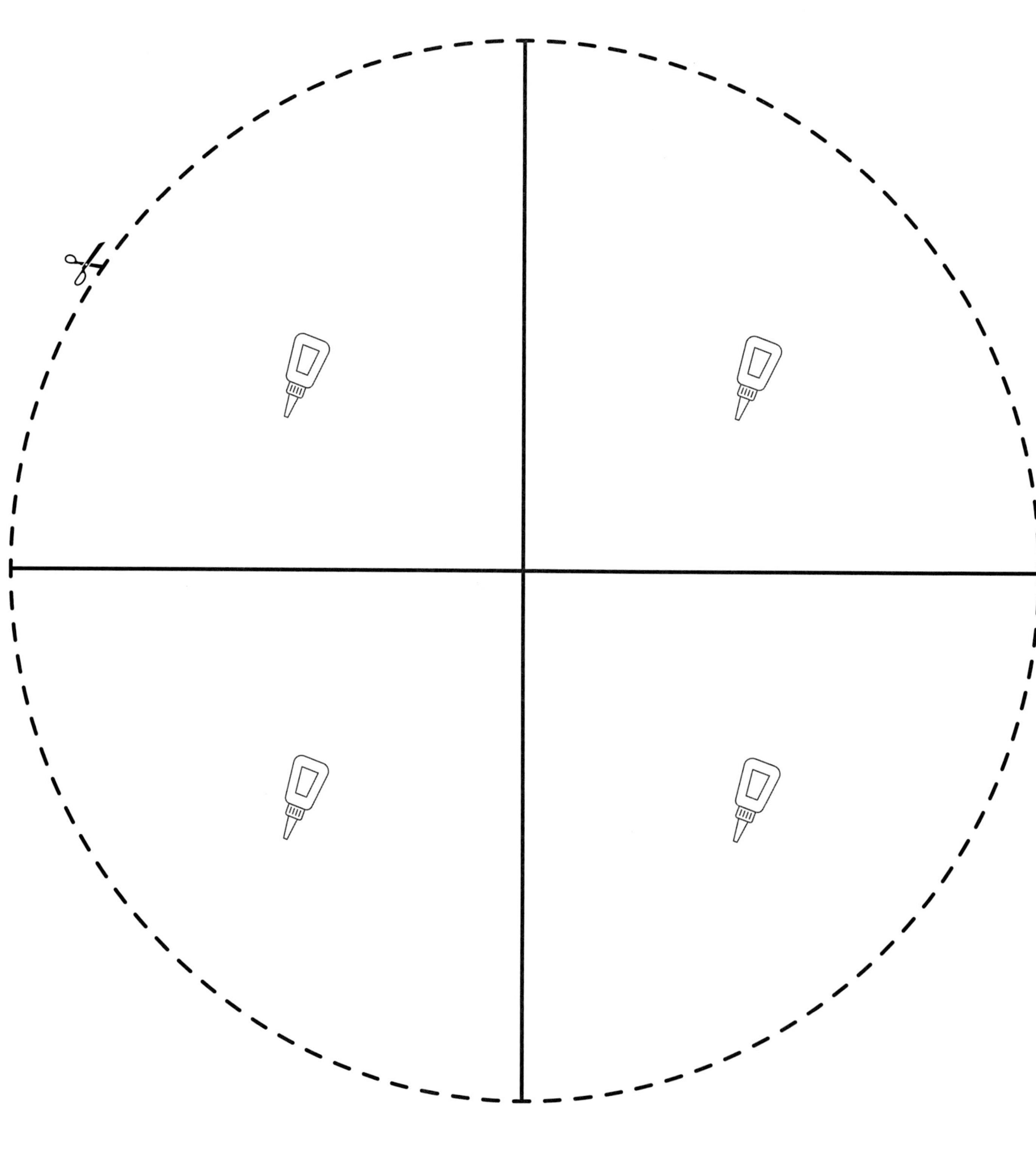

KOHL VERLAG LAPBOOK BAUERNHOF Die Landwirtschaft kreativ erarbeiten – Bestell-Nr. 13 011

Arbeiten in den Jahreszeiten

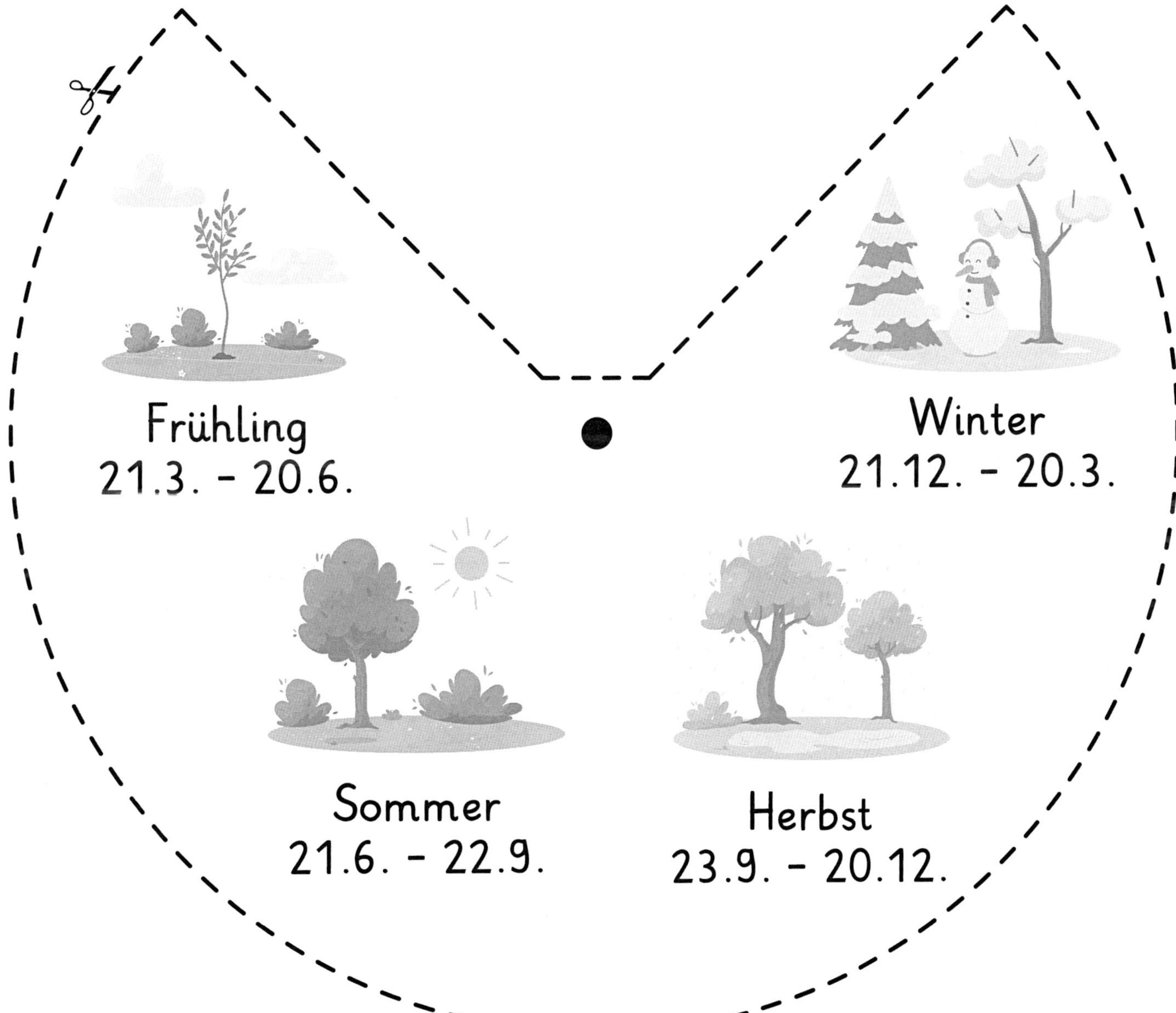

KOHL VERLAG
LAPBOOK BAUERNHOF
Die Landwirtschaft kreativ erarbeiten – Bestell-Nr. 13 011

Das Büchlein zum Getreide

Schneide die Kärtchen und die Texte auf dieser und der nächsten Seite aus. Klebe die Texte auf die Rückseite der richtigen Sorten. An dem grauen Rand klebst du die Kärtchen aufeinander. Als Letztes klebst du dann passend das Deckblatt „Das Getreide" oben drauf und du erhältst ein kleines Getreide-Büchlein. Das kannst du in der Tasche „Getreide" verstauen und diese an dein Lapbook kleben.

Das Getreide

Weizen

Roggen

Gerste

Hafer

Das Büchlein zum Getreide

Weizen

Weizen hat aufrecht stehende Ähren und keine Grannen. Mehl aus Weizen ist hell und wird meist für Brot, Kuchen und Nudeln verwendet. Weizenkörner sind gelbbraun und rund.

Roggen

Roggenmehl ist grau und ergibt ein gutes Brot. Roggen hat leicht abwärts geneigte Ähren mit kurzen Grannen. Die Körner sind länglich und grau bis grün.

Gerste

Gerste ist gut an den langen Grannen zu erkennen. Die Körner sind gelb, lang und dick. Man braucht sie für die Bierherstellung, zur Graupensuppe und als Malzkaffee.

Hafer

Die Haferkörner wachsen an einer Rispe. Die reifen Körner sind gelb, länglich und spitz. Man macht aus Hafer Haferflocken, Müsli und Futter für die Tiere.

KOHL VERLAG
LAPBOOK BAUERNHOF
Die Landwirtschaft kreativ erarbeiten – Bestell-Nr. 13 011

Das Büchlein zum Getreide

Schneide die Tasche aus. Knicke die Flächen an den durchgezogenen Linien nach hinten. Klebe sie an den Laschen zusammen. Suche einen Platz auf deinem Lapbook.

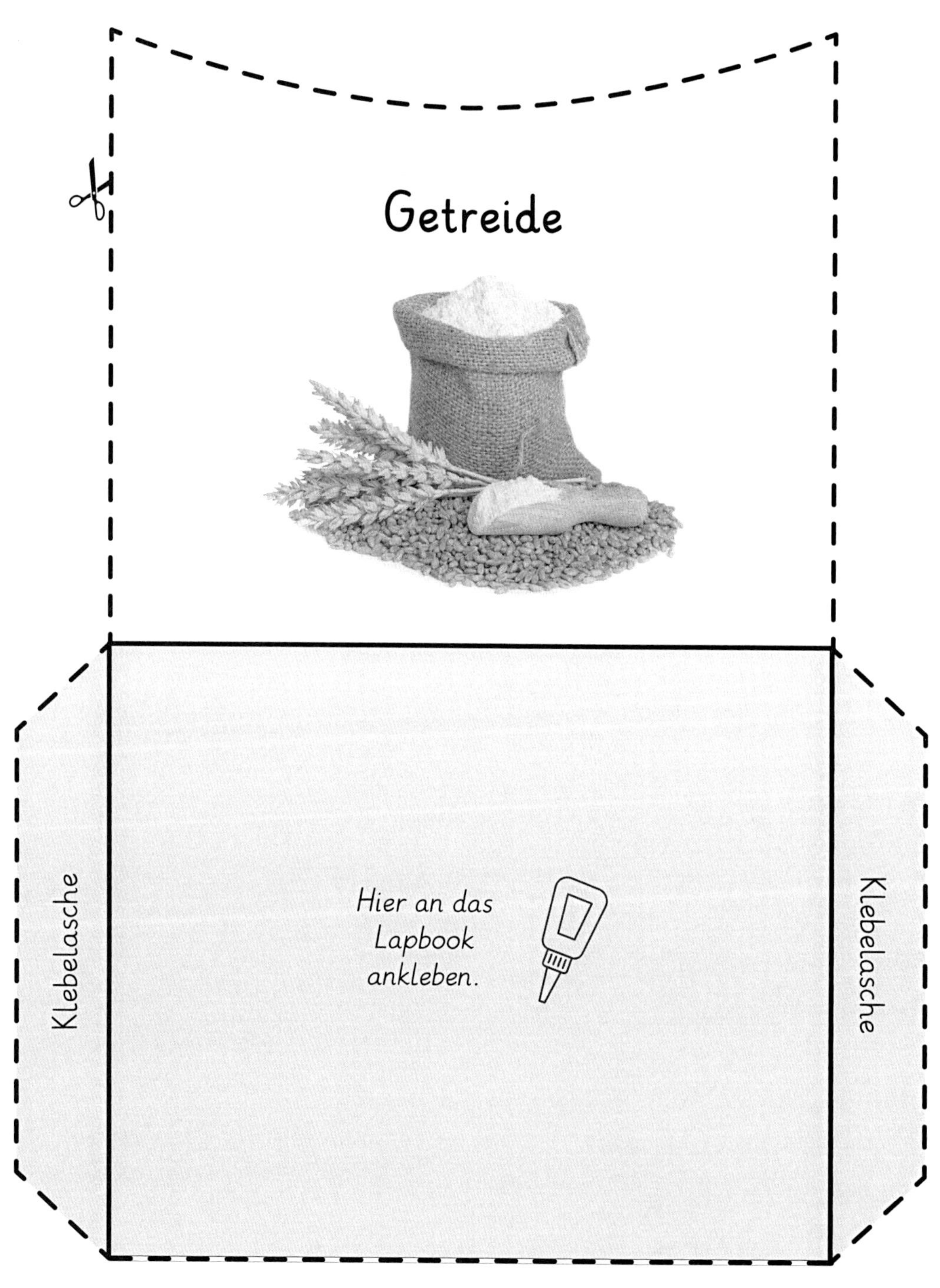

LAPBOOK BAUERNHOF
Die Landwirtschaft kreativ erarbeiten – Bestell-Nr. 13 011
KOHL VERLAG

Mais

Schneide die rechte, untere Form aus und knicke sie an der durchgezogenen Linie nach hinten. Schneide die Texte aus und klebe sie innen auf. Finde einen Platz auf deinem Lapbook.

Mais, der bei uns wächst, wird meist zu Speisestärke verarbeitet. Dabei bleibt Maiskeimöl übrig, was man für Salatöl, Margarine oder Mayonnaise nutzt. Der süße Mais für Cornflakes, Gemüse oder Popcorn wird in Südeuropa angebaut.

Hier an das Lapbook ankleben.

Silomais wird geerntet, wenn die Pflanzen noch grün sind. Dann wird der Mais in kleine Stücke geschnitten und gelagert. Der Zucker im Mais wird von Bakterien abgebaut. Der fertige Silomais wird als Futter für Kühe, Schweine und Schafe verwendet.

Mais

KOHL VERLAG LAPBOOK BAUERNHOF Die Landwirtschaft kreativ erarbeiten – Bestell-Nr. 13 011

Die Kartoffel

Schneide die Bilder aus und füge sie richtig in das Leporello ein. Dann schneidest du auch das Leporello aus und klebst es zusammen. Falte es wie eine Ziehharmonika, das Blatt „Kartoffel-Leporello" sollte oben liegen. Die Rückseite des Feldes „Ende" kannst du an dein Lapbook kleben.

Die Kartoffel

Linie nach vorne knicken

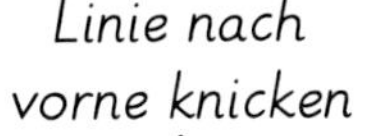

Linie nach hinten knicken

Mein Kartoffel-Leporello

Die Kartoffel wird im Frühjahr in die Erde gelegt (= gesetzt).

hier das passende Bild ankleben

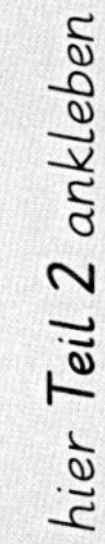

2

Sie beginnt zu wachsen und bildet Triebe.

hier das passende Bild ankleben

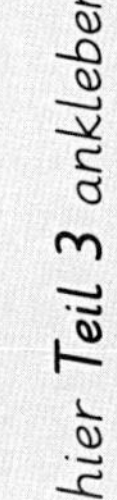

3

Über der Erde wachsen Stängel und Blätter.

hier das passende Bild ankleben

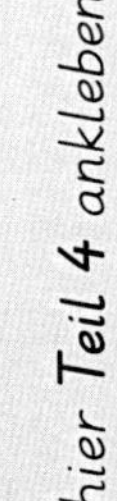

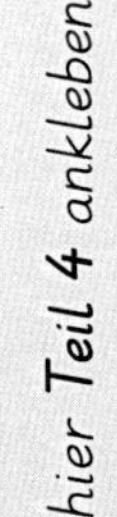

4

Unter der Erde wachsen an den Wurzeltrieben die neuen Kartoffeln.

hier das passende Bild ankleben

KOHL VERLAG
LAPBOOK BAUERNHOF
Die Landwirtschaft kreativ erarbeiten – Bestell-Nr. 13 011

Die Kartoffel

Linie nach vorne knicken

Linie nach hinten knicken

5

Die Kartoffeln blühen rosa oder weiß. Dann bilden sich grüne Beeren.

hier das passende Bild ankleben

hier Teil 6 ankleben

6

Wenn die Blätter beginnen zu verdorren, sind die Kartoffeln reif.

hier das passende Bild ankleben

hier Teil 7 ankleben

7

Frühkartoffeln reifen in 90 bis 120 Tagen. Spätkartoffeln bleiben bis zu 160 Tage in der Erde. Frühkartoffeln werden in Deutschland ab Juni geerntet, Spätkartoffeln im September oder Oktober.

hier das passende Bild ankleben

hier Teil 8 ankleben

8

Aus den Kartoffeln kann man viele leckere Gerichte herstellen.

hier das passende Bild ankleben

ENDE

Rückseite von diesem Teil an das Lapbook ankleben

KOHL VERLAG LAPBOOK BAUERNHOF Die Landwirtschaft kreativ erarbeiten – Bestell-Nr. 13 011

Die Tiere auf dem Bauernhof

Ergänze die Texte. Schneide die Kärtchen aus. Das größte Kärtchen legst du nach unten, das kleinste (mit dem Bild) kommt obendrauf. Klebe sie an dem grauen Rand zusammen und dann in dein Lapbook.

Der Bulle oder Stier, die Kuh und das Kalb gehören zur Familie ____________. Es dauert neun Monate, bis die Kuh ein Kalb bekommt. Erst danach gibt sie Milch. Rinder sind Wiederkäuer. Sie fressen __________, Heu oder Rübenschnitze. Das wird im Vormagen gesammelt. Das Futter wird später ins Maul zurückgeholt. Mit den kräftigen Zähnen wird es zu feinem Brei zerrieben. ____________ geben etwa 30 – 40 Liter Milch am Tag. Sie werden morgens und ____________ gemolken.

Kühe - Rinder

Das männliche Schwein heißt Eber, das weibliche Sau. Die jungen Schweine heißen ____________. Zweimal im Jahr wirft die Sau 10 – 14 Junge. Schweine wiegen etwa 100 kg. Sie sind Allesfresser. Sie fressen ______________, Getreide, Wurzeln, Beeren, Insekten, Würmer, Eier, altes Brot und ______________. Doch oft bekommen sie nur Mastfutter und haben wenig Platz im Stall.

Schweine

Lösungen:

Kühe: Rind, Gras, Kühe, abends
Schweine: Ferkel, Kartoffeln, Essensreste
Geflügel: Woche, Hühnerfleisch, Küken, Körner
Schafe: Rüben, Wollschaf, Schafkäse
Ziegen: Herde, Ziegenkäse

KOHL VERLAG LAPBOOK BAUERNHOF Die Landwirtschaft kreativ erarbeiten – Bestell-Nr. 13 011

Die Tiere auf dem Bauernhof

Eine Henne legt jede ____________ 4 – 5 Eier. Aber nicht nur die Eier, auch das ______________________ ist sehr beliebt. Die männlichen Hühner nennt man Hähne, die Kinder der Hühner heißen __________, ihre Mutter ist die Henne. Hühner fressen gerne Insekten, Würmer, Gras und _____________. Gänse und Enten liefern uns Fleisch, Eier, Federn und Daunen. Von den Puten essen wir das Fleisch.

Geflügel – Hühner

Die Tiere auf dem Bauernhof

Schafe leben in einer Herde. Schafe sind Wiederkäuer. Sie fressen jedes Gras und Kraut, Heu, Getreide und ______________. Im Frühjahr bringt das Schaf ein bis drei Lämmer zur Welt. Das _______________ liefert uns Wolle. Das Milchschaf gibt uns Milch. Daraus wird ________________ gemacht. Fleischschafe werden wegen ihres Fleisches gezüchtet.

Schafe

Ziegen leben in einer ____________. Sie fressen gerne Gras, Laub, Klee, Rüben, Möhren, Kartoffeln und Mais. Dazu mögen sie auch Obst und Heu. Ziegen sind Wiederkäuer. Nach 5 Monaten bringt die Geiß ein oder zwei Zicklein zur Welt. Ziegen geben um die 1000 Liter Milch im Jahr. Daraus macht man ________________.

Ziegen

KOHL VERLAG LAPBOOK BAUERNHOF Die Landwirtschaft kreativ erarbeiten – Bestell-Nr. 13 011

Verschiedene Bauern

Ergänze die Texte und schneide die Kärtchen aus. Klebe sie dann richtig auf das Büchlein auf der nächsten Seite. Auch diese Karten schneidest du aus. Tackere oder klebe sie an den grauen Streifen zusammen. Das Deckblatt „Die verschiedenen Bauern" kannst du frei gestalten.

Eier • Milch • Korn • Ferkel • Kartoffeln • Gänse • Fleisch • verkauft

Bei der Ackerwirtschaft wird __________ gesät, gemäht, gedroschen und verkauft. Viele Landwirte bauen __________, Gemüse, Obst oder Rüben an.

Als Geflügel werden Hühner, __________ Enten, und Puten gezüchtet. Legebetriebe sorgen für die __________, die wir essen. In anderen Höfen werden die Tiere gemästet.

Der Schweinemäster zieht die Tiere groß und __________ sie dann an den Schlachthof. Die Schweinezüchter sorgen dafür, dass die __________ auf die Welt kommen.

Es gibt die Milchwirtschaft. Hier werden Kühe gehalten, um __________ zu geben. Dann gibt es die Rinderzucht, damit wir __________ essen können.

Lösungen:
1. Korn, Kartoffeln
2. Gänse, Eier
3. verkauft, Ferkel
4. Milch, Fleisch

KOHL VERLAG
LAPBOOK BAUERNHOF
Die Landwirtschaft kreativ erarbeiten – Bestell-Nr. 13 011

Verschiedene Bauern

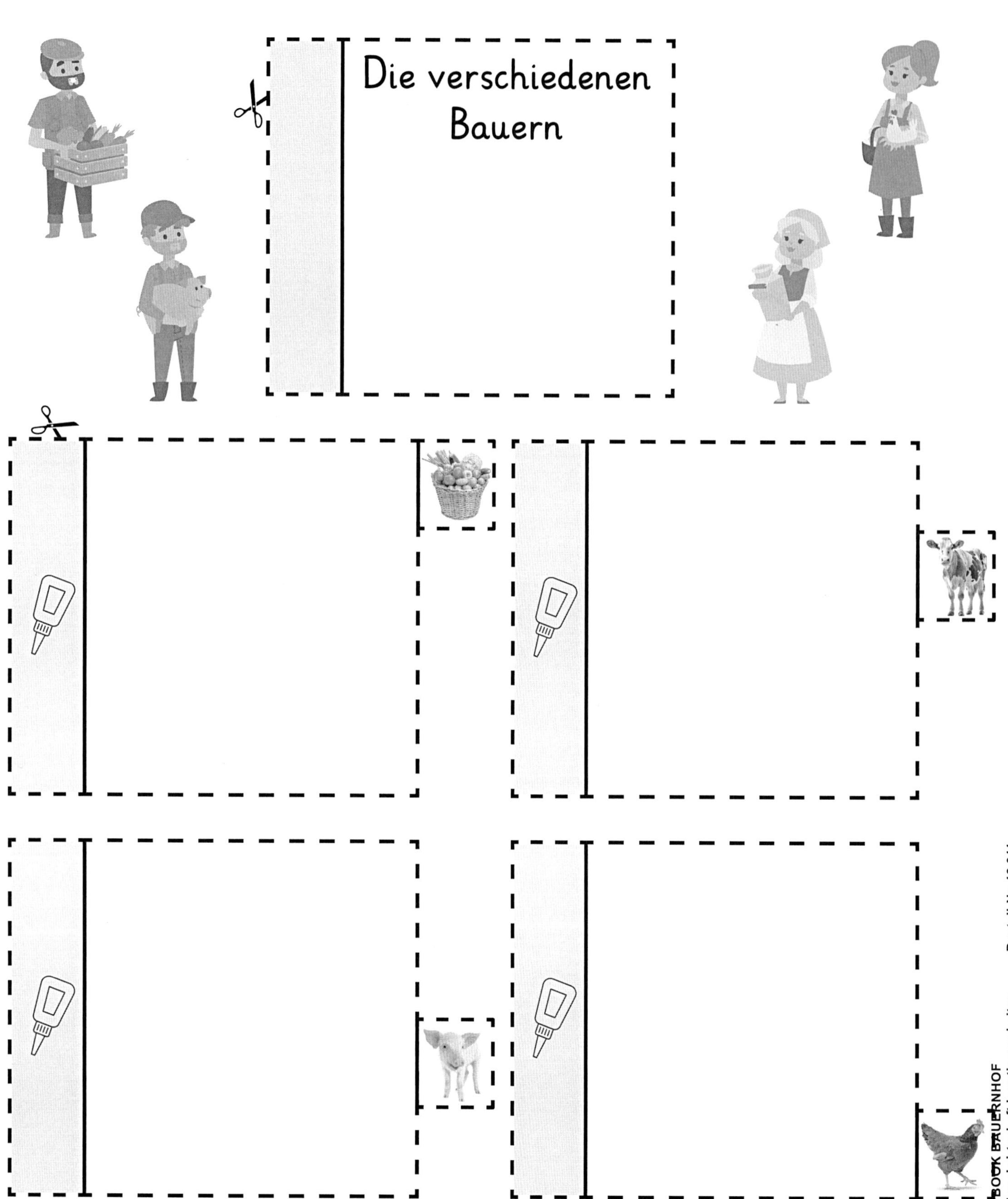

LAPBOOK BAUERNHOF
Die Landwirtschaft kreativ erarbeiten – Bestell-Nr. 13 011
KOHL VERLAG

Was man aus Milch herstellt

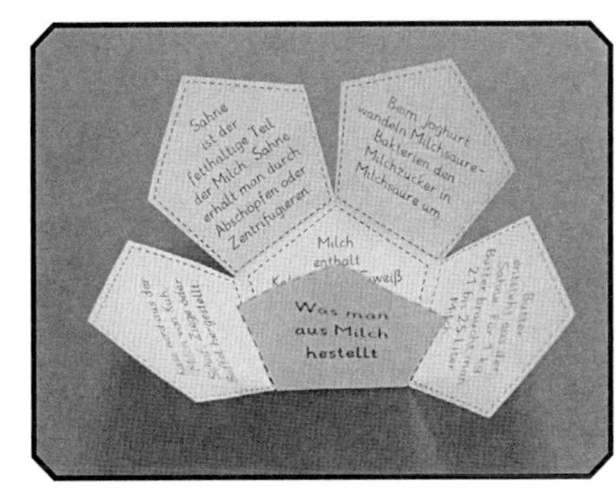

Kühe und auch Ziegen und Schafe liefern uns Milch. Sie entsteht, wenn die Tiere Babys bekommen. Meist verwenden wir Kuhmilch. Und daraus kann man einiges machen.

Schneide die Blume auf der nächsten Seite aus. Füge richtig ein:

✂ **Joghurt** | **Sahne** | **Käse** | **Butter**

Knicke dann die Kärtchen an der durchgezogenen Linie nach hinten. Klebe die folgenden Texte hinter das richtige Bild.

✂

Butter entsteht aus der Sahne. Für 1 kg Butter braucht man 21 bis 25 Liter Milch.

Sahne ist der fetthaltige Teil der Milch. Sahne erhält man durch Abschöpfen oder Zentrifugieren.

Diesen Text klebst du in die Mitte:

Milch enthält Kalzium und Eiweiß (Protein), die für die Entwicklung von Kindern wichtig sind.

Käse wird aus der Milch von Kuh, Schaf, Ziege oder Büffel hergestellt.

Beim **Joghurt** wandeln Milchsäure-Bakterien den Milchzucker in Milchsäure um.

Dieses Bild auf das letzte freie Feld kleben:

Bestell-Nr. 13 011

Was man aus Milch herstellt

KOHL VERLAG Lernen mit Erfolg
LAPBOOK BAUERNHOF
Die Landwirtschaft kreativ erarbeiten – Bestell-Nr. 13 011

Eier braucht man für ...

Man kann Eier einfach kochen und genießen, oder Kuchen, Rührei, Spiegelei, Mayonnaise, Pfannkuchen, Waffeln oder Omelett machen.

Male und schreibe deine liebsten Eierspeisen in die Eier. Schneide sie dann aus und hefte sie mit einem Tacker an der schwarzen Markierung zusammen. Klebe die Rückseite vom untersten Ei in dein Lapbook.

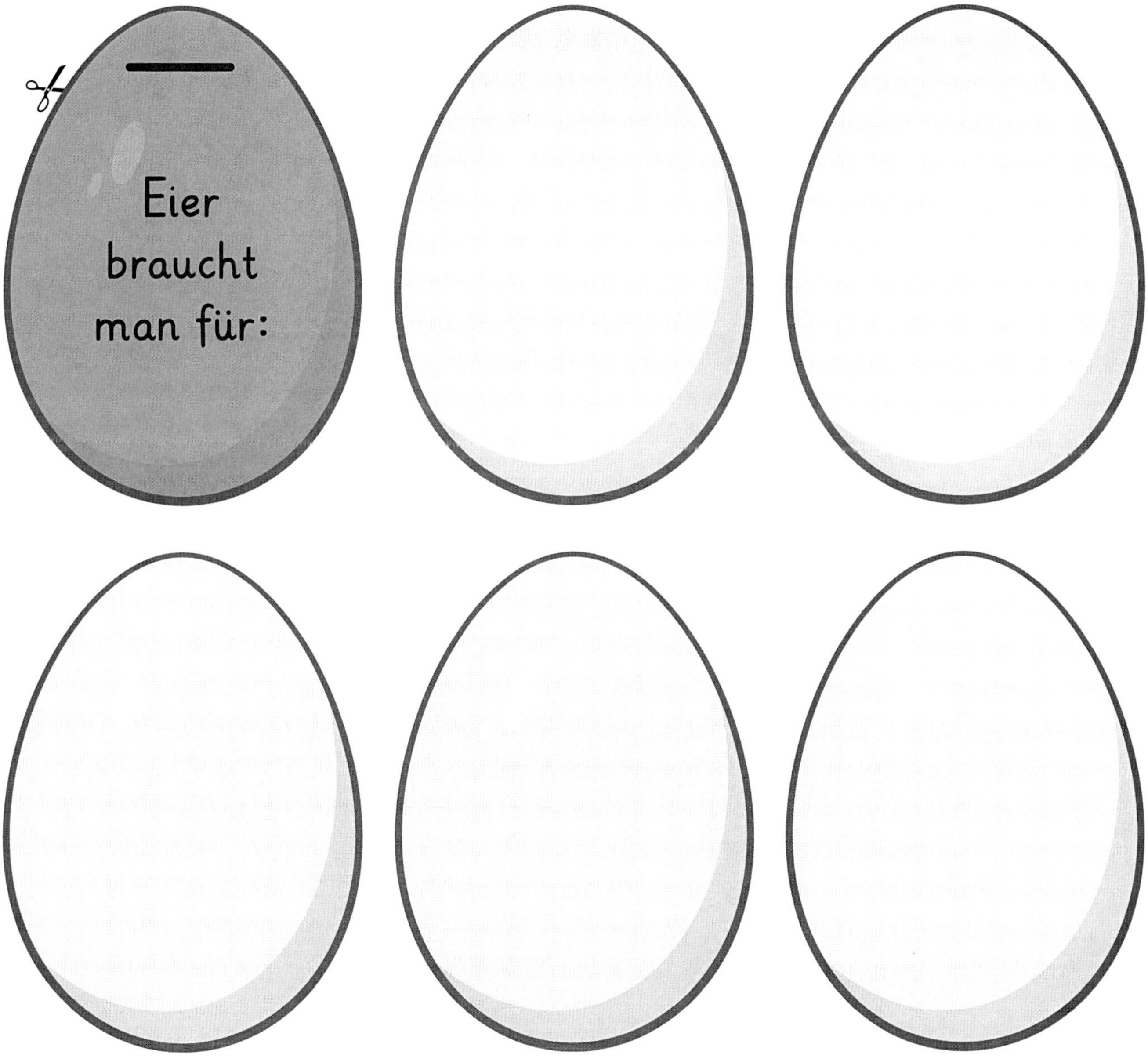

Eier
braucht
man für:

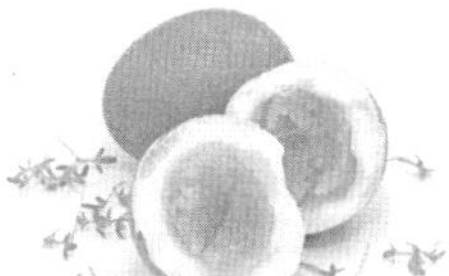

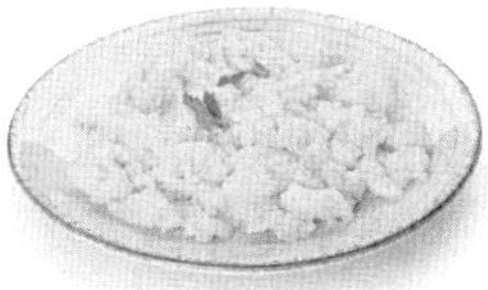

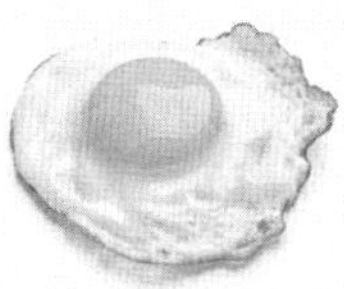

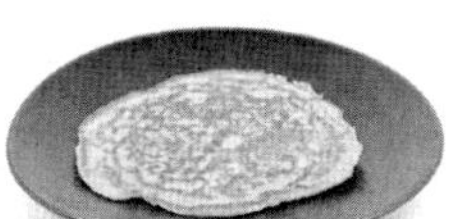

Die Gebäude auf dem Hof

Zu jedem Bauernhof gehören das Bauernhaus, ein oder mehrere Ställe für die Tiere, eine Scheune als Lagerraum und ein Schuppen, genannt Remise, zum Abstellen der Arbeitsgeräte.

Schneide die Form auf der nächsten Seite aus. Knicke sie an den durchgezogenen Linien nach hinten. Klebe die Texte hinter die Bilder. Schreibe den richtigen Namen zu den Gebäuden.

Im Bauernhaus
wohnt der Bauer mit seiner Frau und den Kindern. Oft leben auch die Großeltern noch dort.

Die Scheune
dient als Lagerraum für Stroh und Heu, manchmal auch für Getreide und Kartoffeln.

Dieses Bild klebst du in die Mitte der Form.

Der Stall
wird z. B. für Kühe, Schweine oder Hühner gebraucht. Er bietet Schutz und ist ein sicherer Ort zum Schlafen und Fressen.

Die Remise
(der Schuppen) ist Abstellraum für Traktor und andere Geräte und Werkzeuge.

KOHL VERLAG LAPBOOK BAUERNHOF Die Landwirtschaft kreativ erarbeiten – Bestell-Nr. 13 011

Die Gebäude auf dem Hof

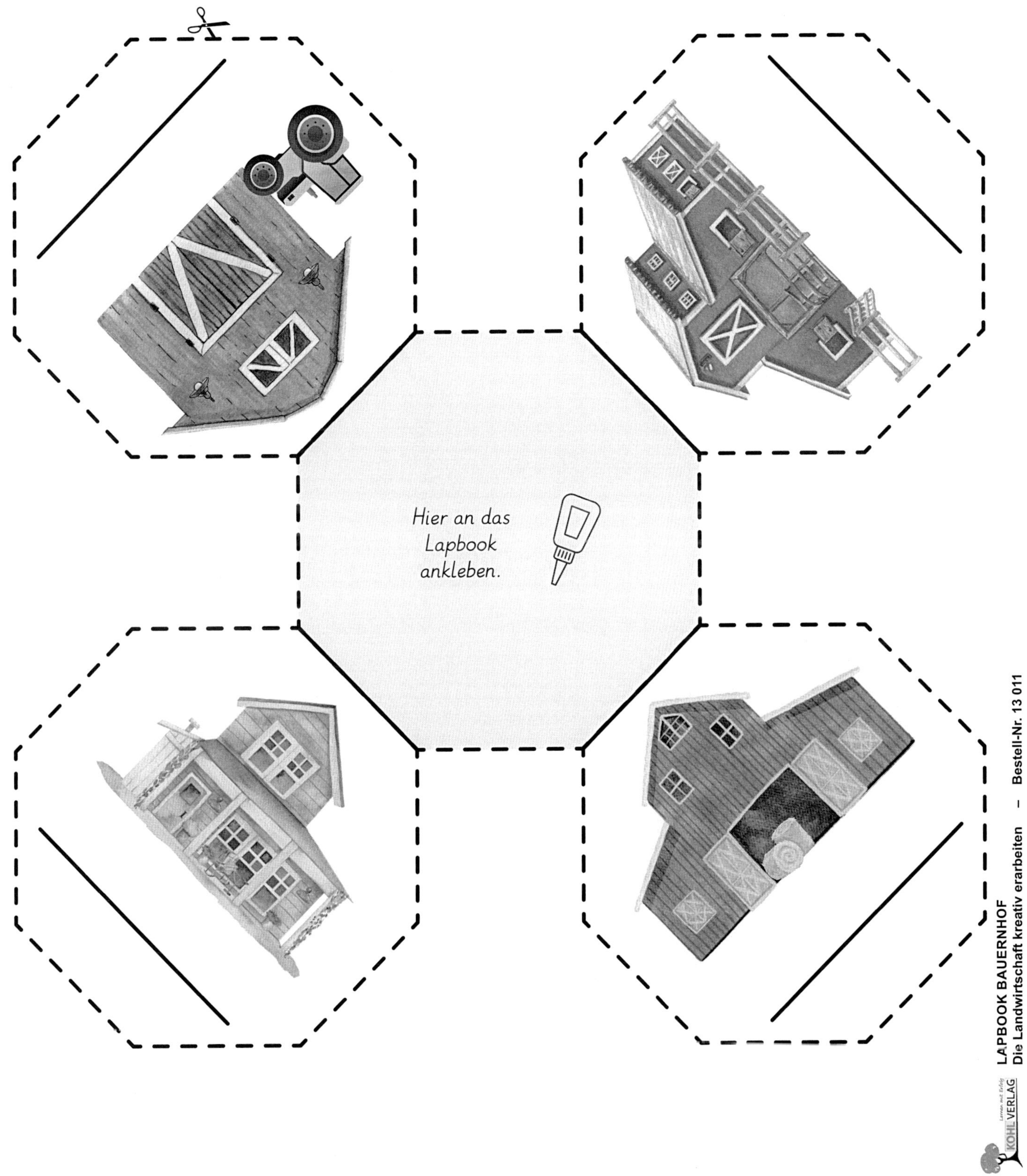

LAPBOOK BAUERNHOF
Die Landwirtschaft kreativ erarbeiten – Bestell-Nr. 13 011
KOHL VERLAG

Bauern früher und heute

Schneide die Bildchen unten aus. Schneide die Streifen auf den nächsten beiden Seiten auch aus. Klebe die Bilder passend auf. Die 9 fertigen Streifen verbindest du mit einer Musterklammer an dem schwarzen Punkt.

Die Arbeit der Bauern
früher und heute

Bauern früher und heute

Früher zogen Ochsen oder Pferde den Pflug. Heute macht das der Traktor.

Früher säte der Bauer das Getreide mit der Hand. Heute macht das die Sämaschine.

Früher setze der Bauer die Gemüsepflanzen. Heute macht das die Setzmaschine.

Früher mähte der Bauer das Getreide mit der Sense. Heute macht das der Mähdrescher.

KOHL VERLAG LAPBOOK BAUERNHOF Die Landwirtschaft kreativ erarbeiten – Bestell-Nr. 13 011

Bauern früher und heute

Früher wurde das trockene Gras mit dem Heurechen aufgenommen. Heute macht das die Bindemaschine.

Früher wurden Kartoffeln mit der Grabegabel ausgebuddelt. Heute macht das der Kartoffelroder.

Früher wurden die Kühe von Hand gemolken. Heute macht das die Melkmaschine.

Früher wurden die Tiere von den Menschen gefüttert. Heute erledigt es der Futterwagen.

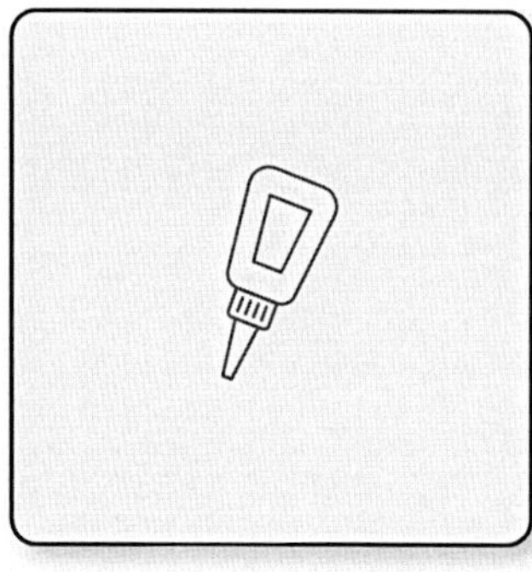

Vorlagen für die freie Gestaltung

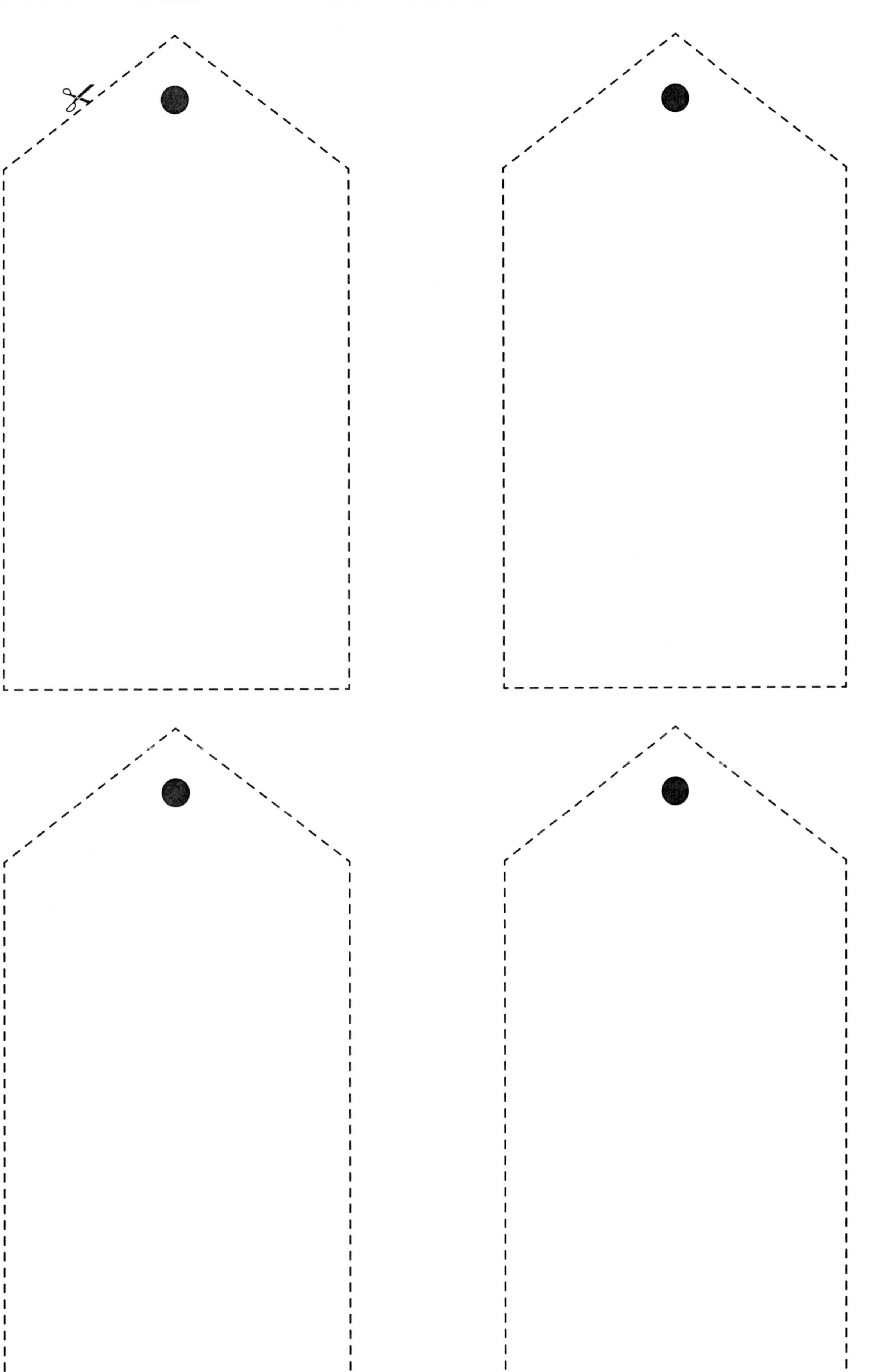

Vorlagen für die freie Gestaltung

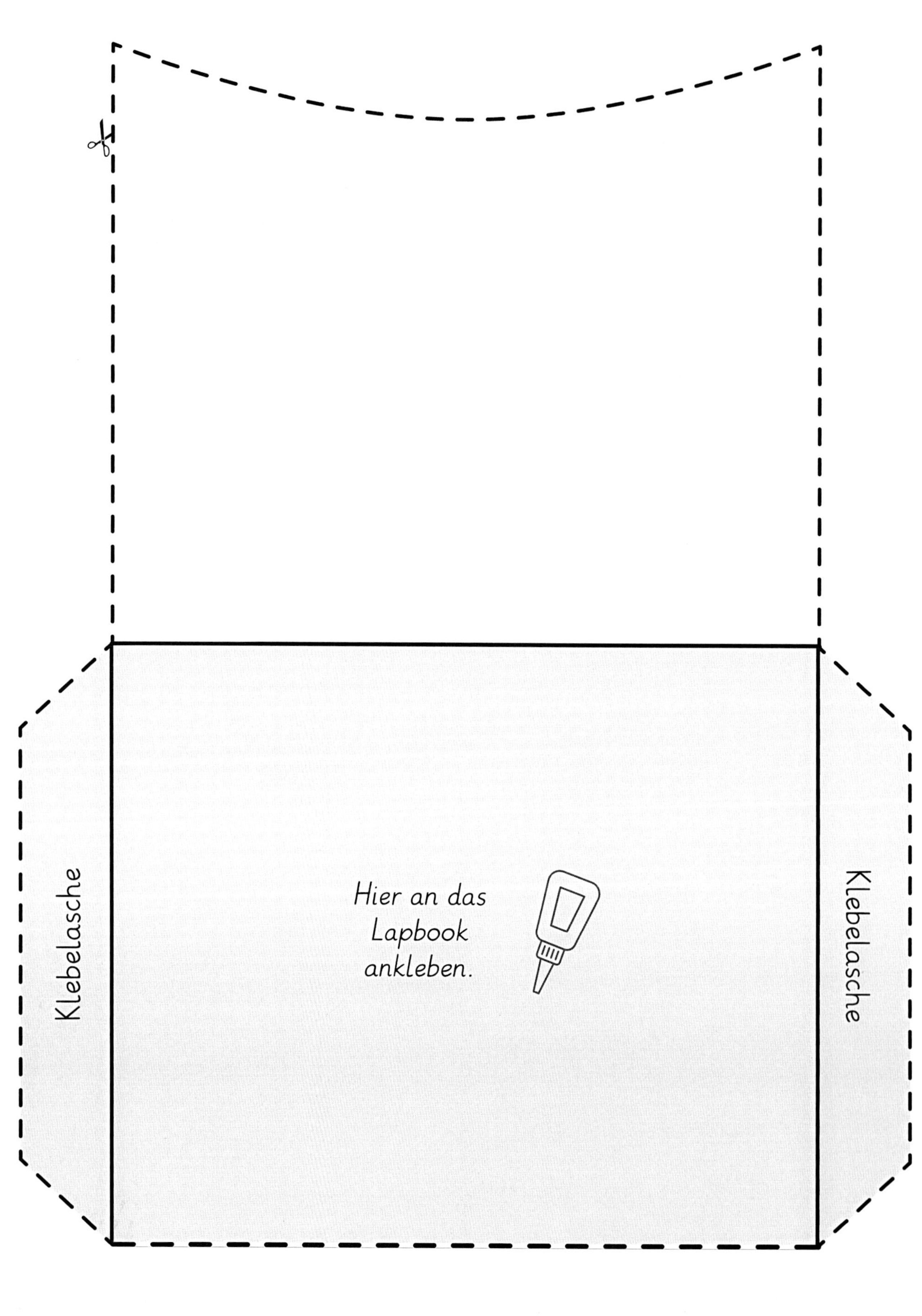